Drei Methoden aus dem Zeit- oder Selbstmanagement, PowerPoint als Präsentationsmedium, Zeit als psychosoziale Dimension

Leonie Wolters

Bibliografische Information der Deutschen Nationalbibliothek:

Die Deutsche Nationalbibliothek verzeichnet diese Publikation in der Deutschen Nationalbibliografie; detaillierte bibliografische Daten sind im Internet über http://dnb.d-nb.de abrufbar.

ISBN: 9783346606501
Dieses Buch ist auch als E-Book erhältlich.

Druck und Bindung: Books on Demand GmbH, Norderstedt Germany
Gedruckt auf säurefreiem Papier aus verantwortungsvollen Quellen

Das vorliegende Werk wurde sorgfältig erarbeitet. Dennoch übernehmen Autoren und Verlag für die Richtigkeit von Angaben, Hinweisen, Links und Ratschlägen sowie eventuelle Druckfehler keine Haftung.

Das Buch bei GRIN: https://www.grin.com/document/1183467

Einsendeaufgabe

Alternative C1, C2, C3

Online hochgeladen am 25.01.2022

SRH Fernhochschule Riedlingen

Modul:

Selbst- und Zeitmanagement

Studiengang:

Prävention- und Gesundheitspsychologie (B.A.)

Von

Leonie Wolters

Studiengang: Prävention- und Gesundheitspsychologie (B.A.)

Inhaltsverzeichnis

Abkürzungsverzeichnis

z.B. = zum Beispiel

Evtl. = Eventuell

ms = Millisekunden

o. D = ohne Datum

Aufgabe C1

Drei Methoden aus dem Zeit- oder Selbstmanagement und das Einsetzen der Methode im Fernstudium, um trotz Mehrfachbelastung das Studium erfolgreich zu bewältigen

Es gibt drei verschiedenen Methoden aus dem Zeit- oder Selbstmanagement. Im Folgenden werden drei dieser Methoden dargestellt. Und wie eine Fernstudentin, trotz Mehrfachbelastung das Studium erfolgreich absolvieren kann.

Das Pareto-Prinzip

Das Pareto-Prinzip wurde von einem italienischen Volkswirt im 19. Jahrhundert entdeckt und besagt, dass 20% der aufgewendeten Zeit und Energie, 80% des Ergebnisses hervorbringt.

In der Regel wird das Pareto-Prinzip im Zeitmanagement genutzt um Prioritäten zu setzten und Entscheidungen auf die Tätigkeit zu lenken. Wichtig hier ist auch herauszufiltern und zu erkennen welche Aufgaben dringend sind, um mit diesen zu beginnen (Quernheim, 2018, S.105).

Das Pareto- Prinzip kann im Fernstudium wie folgt eingesetzt werden:

Neurowissenschaftler und Arbeitspsychologen haben herausgefunden, dass jede Stunde, die über vier bis Sechs Stunden hinausgeht, die kognitiven Fähigkeiten mindert und somit die Qualität der Arbeit zurückgeht (Myjob, 2021). Im Studium kann ein Fernstudent vor unterschiedlichen Herausforderungen stehen. Studium, Beruf und Freizeit bzw. Familie können überfordern. Um produktiv zu bleiben, ist es sinnvoll sich die Stunden aufzuteilen und alle anfallenden Aufgaben und Termine im ganzen Semester zu notieren. Um das Studium trotz Mehrfachbelastung erfolgreich zu absolvieren ist es wichtig zu differenzieren, was brauche ich, um weiterzukommen. Wer mit dem Pareto-Prinzip arbeitet, fokussiert sich nur auf das Wichtigste und lernt kein Perfektionist zu sein. Es geht darum anderen Aufgaben keine Aufmerksamkeit zu schenken und sie erstmal liegen zu lassen, sondern sich selbst zu strukturieren und Prioritäten zu setzen.

Das Pareto-Prinzip gibt auch an wie wichtig es ist, sich das Ziel vor Augen zu halten, auch wenn man einen langen Tag hinter sich hat, die Arbeit oder Kinder viel Geduld und Zeit in Anspruch genommen haben und die Konzentration nachlässt, muss man sich vorher das erwünschte Ergebnis definieren und dann die Aufgaben priorisieren, anhand der Wichtigkeit, bezogen auf das zu erreichende Ziel (StressBehandlung.info, 2018). So kann eine berufstätige Mutter für eine Aufgabe, für die sie normalerweise vier Stunden benötigt nur das wichtigste heraussuchen und nur eine Stunde intensiv Zeit investieren. Somit spart sie Zeit und ist motiviert weiterzumachen.

Die ABC- Analyse

Mit der ABC- Analyse kann man das setzten von Prioritäten vornehmen. Im Zeitmanagement ist es das wichtigste sich über die ganze Ist-Situation ein klares Bild zu verschaffen (Rusch, 2019, S.115). Bei konsequenter Umsetzung kann die ABC-Analyse mit Ihrer schnellen und unkomplizierten Anwendbarkeit sehr effektiv sein. Wer sie anwendet, kann stress vermeiden.

Die Buchstaben A, B, oder C werden in drei Wichtigkeits- bzw. Dringlichkeitsstufen unterschieden:

A- Aufgaben: Sind Aufgaben die äußerst wichtig sind, die am besten am gleichen Tag noch erledigt werden sollen. Sie gehören zum Kerngeschäft.

B- Aufgaben: Sind Aufgaben die hohe Priorität haben. Sie sind nicht dringend, sie stehen in eher Verbindung mit Ihren Zielen. Sie sollten nicht delegiert werden.

C- Aufgaben: Sind Routineaufgaben. Diese Aufgaben werden an letzter Stelle der To-do-Liste oder können delegiert werden (Quernheim, 2018, S.107-108).

Um optimale Ergebnisse zu erzielen, lässt sich die ABC Analyse in vier Schritten durchführen:

1. Auflistung der zu untersuchenden Objekte
2. Festlegung der Bewertungskriterien
3. Einteilung in drei Klassen

4. Ableitung von Handlungen

Im Zeitmanagement lässt sie sich wie folgt anwenden:

1. Man erstellt eine Liste mit allen Aufgaben, um zunächst den Ist-Zustand der Zeiteinteilung abzubilden.
2. Jede Aufgabe wird der Investierten Arbeitszeit zugeordnet.
3. Die Aufgaben werden nach dem ABC- Schema eingeteilt.
4. Konkrete Maßnahmen müssen abgeleitet werden, um die idealtypische Zeiteinteilung zu erreichen (Bwl-Lexikon.de, o. D).

Die ABC- Analyse kann im Fernstudium wie folgt eingesetzt werden:
Im Studium kann die ABC-Analyse als persönliches Zeitprotokoll herangezogen werden. Dabei kann man sein persönliches Zeitprofil untersuchen. Meist kommt man zur Erkenntnis, dass man am meisten Zeit für weniger wichtige Aufgaben wie z.B. die täglichen Routineaufgaben und Kleinkram verwendet und die wirklich wichtigen Dinge vernachlässigt werden. Einzelne Ziele können in Etappenziele zerlegt werden. Wie zum Beispiel die Einsendeaufgabe, hier können die Teilaufgaben unterteilt werden. Bei jeder erledigten Teilaufgabe ist der Student motiviert und gibt ihm ein positives Gefühl. Da man im Fernstudium mit Mehrfachbelastungen zu kämpfen hat, kann die ABC-Analyse in die normale To-Do-Liste einfließen und schließlich in einer Prioritätenliste müden (Rusch, 2019, S. 115-116).

Die Alpen-Methode

Die ALPEN-Methode nach Lothar J. Seiwert ist eine Methode des Zeitmanagements, sie kann bei konsequenter Umsetzung den Tagesablauf gut strukturieren, es ist die einfache Methode des Zeitmanagements. Die Aufstellung des Tagesplanes sollte am Vorabend erstellt werden und höchstens fünf bis zehn Minuten in Anspruch nehmen.

Wichtig ist es den Tagesplan schriftlich zu erstellen, die Gründe sind:

- Man verliert an einem ereignisreichen Tag schnell den Überblick über seine vorgenommenen To-Do´s. Der Tagesplan sorgt für Entlastung des Gedächtnisses und bewahrt vor der Gefahr Dinge zu vergessen.
- Aufgeschriebene, fixierte Aufgaben haben ein motivierenden Effekt, wenn man seinen Zielen greifbarer wird. Es hilft konzentrierter zu bleiben und sich auf das wesentliche zu konzentrieren und sich nicht von Störungen ablenken zu lassen.
- Am Ende des Tages ermöglicht es eine Erfolgskontrolle und ggf. eine Übertragung von unerledigtem auf den nächsten Tag (Seiwert, 2005, S.125).

ALPEN ist eine Abkürzung und steht für:

1. **A**ufgaben aufschreiben
2. **L**änge der einzelnen Aufgaben eschätzen
3. **P**ufferzeiten einplanen.
4. **E**ntscheidung Prioritäten setzen
5. **N**achkontrolle

Der Arbeitsschritt vier hat die größte Bedeutung, denn die zu erledigten Aufgaben werden meist weit über der verfügbaren Arbeitszeit liegen. Hier kommen Grundsätze und Methoden der Priorisierung (z.B die ABC-Methode) zur Anwendung (Löwenbrück, 2009, S.55).

Die ALPEN-Methode kann im Fernstudium wie folgt eingesetzt werden:

Am Abend zuvor kann man sich fragen: „was steht Morgen alles an?". Es wird eine Art To-Do-Liste erstellt, in der private Dinge wie auch Aufgaben aus dem Studium einfließen. Schriftlich fixiert hat der Student seine Ziele immer im Blick. Es muss eingeschätzt werden wie viel Zeit für die Dinge auf der Liste investiert werden müssen, eine Vorlesung ist leicht, da hier die Zeiten vorgegeben sind. Für die anderen Aufgaben wie z.B. Einkaufen werden die Schätzungen mit der Zeit präziser. Daher sollte man sich Puffer einplanen, da die Bahn Verspätung haben kann, ein Termin kommt dazwischen, die Familie kommt unangekündigt oder man wird krank, somit verschiebt sich alles nach hinten. Als Orientierung gilt die Faustregel: 40 Prozent freihalten und 60 Prozent der Zeit verplanen. Nun sollte man sich Prioritäten setzten, der Tag hat nur 24 Stunden.

Am Ende des Tages wird das Selbstmanagement reflektiert, was habe ich geschafft und was muss ich auf den nächsten Tag übertragen. Für die Lernstrategie ist es wichtig Aufgaben zu reduzieren und nicht noch mehr zu tun (Niedostadek, 2018). Wenn sich der Student an seinen festen Plan hält, verschafft es ihm Sicherheit und das „Aufschieberitis" wird verdrängt. Man ist auch ausgeglichener und erarbeitet sich Raum für andere Aktivitäten und Aufgaben neben dem Studium.

Aufgabe C2

PowerPoint als Präsentationstechnik

Manager und Professoren benutzen seit über 25 Jahren PowerPoint in Präsentationen. Softwareentwickler Robert Gaskins und Dennis Austin veröffentlichen im April 1987 die zuvor bezeichnete „Presenter", heute PowerPoint. Im Business- Alltag ist PowerPoint nicht mehr wegzudenken. Der Erfolg ist eine unbeabsichtigte Nebenfolge einer neuen Technologie. Es wurde ursprünglich entwickelt, um Folien zu entwerfen, beispielsweise für den Overhead-Projektor. Heute wird es verwendet, um Folien im Rahmen mündlicher Präsentationen zu gestalten. Zu Beginn des einundzwanzigsten Jahrhunderts stieg PowerPoint zum erfolgreichsten Präsentationsprogramm auf. Grund hierfür war sicherlich die Einbindung der Software in das Office-Paket wie auch die Stellung in das marktbeherrschende Microsoft (Becker-Schweitzer, 2013).

Vor- und Nachteile von PowerPoint

Vorteile:

- Kunden der Firmen hatten die Möglichkeit Ihre Texte und Tabellenkalulationen auf Folie mit einem Beamber zu Präsentieren. Angenommen wurde dies, als tragbare Computer und Beamer bezahlbar wurden.
- Folien können direkt vom Programm an die Wand geworfen werden.
- Zur bunten Multimediashow wurde das Programm 1997 ausgebaut mit
  - Animierte Folienübergänge.
  - Fliegende und piktorale Bullets.
  - Einbindung von Ton- und Videodateien.
  - ClipArt-Dateien.
  - AutoContent Wizard.

- Leichte Benutzbarkeit des Programms (Schnettler, Bernt & Knochblauch, 2007, S. 13).
- Man kann durch Bilder das gesagte mehr hervorrufen.

Nachteile:

- Oft werden bei einer Präsentation zu viele Folien gezeigt, sodass diese vom Zuhörer nicht aufgenommen werden kann.
- Eine PowerPoint zu erstellen ist leicht, doch es kann auch einiges schiefgehen wie z.B.
  - o   Schrift zu klein.
  - o   Unterschiedliche Hervorhebungen.
  - o   Folien nicht einheitlich gestaltet.
  - o   Zu viele Bilder, zu bunt (Bensberg, 2015, 58-61).
- Es wird sich zu sehr auf das PowerPoint medium konzentriert und das freie Vortragen vernachlässigt.
- Bei Stromausfall oder technischen Problemen, ist die Wiedergabe nicht möglich.

Bereichert PowerPoint das Lernen effektiv?

Es wird geschätzt das im Jahr 2002 mehr als 400 Millionen Kopien von PowerPoint im Umlauf waren. Und etwa zwischen 20 und 30 Millionen PowerPoint-basierte Präsentationen täglich rund um den Globus gegeben werden, seitdem sind die Zahlen exponentiell gewachsen (Russel, 2006, 147-148). Ergebnisse, die Wissenschaftliche Zeitschriftartikeln berichten, zeigen das Schüler gerne mit PowerPoint Unterrichtet werden. Sie denken auch das Präsentationen mit PowerPoint Unterhaltsamer sind, das Abrufen von Themen erleichtert und unterhaltsam sind. Eine Mehrheit an Studien berichtet das PowerPoint im Unterricht nicht zur Verbesserung der Schülernoten führt (Rankin & Hoaas, 2001, S. 113). Die meisten Studien wurden in den USA oder Vereinigten Königreich durchgeführt und meisten waren es Analysen aus kleinen Klassen, die von den Forschern selbst unterrichtet wurden wie z. B Szabo& Hastings (Szabo & Hastings, 2000, S.175-187).

Unterschiedliche Untersuchungen, Befragungen und Studien kommen zu unterschiedlichsten Ergebnissen, was die Effizienz von PowerPoint als Präsentationsmedium betrifft.

Die Aufgabe in der Einsendeaufgabe war die kritische Reflektion von PowerPoint. Seit 1998 wurde die Kritik an PowerPoint immer lauter. Bis 2002 veröffentlichen viele verschiedene Autoren wie Searls, Parker und Brown auf ihrer persönlichen Basis und Erfahrung anderer Texte Kritik. Der Ausschlaggebende Punkt an der Kritik war das PowerPoint automatisch autoritär ist und der Präsentator dadurch seinem Zuhörer seine Sichtweise aufzwingt (Eppler & Kerbach, 2013, S.15). Parker behauptet, wer bei einem Meeting ohne PowerPoint erscheint, dass dieser unerwünscht und unpräzise wäre, wie das Tragen ohne Schuhe. In Hochschuleinrichtungen sei PowerPoint schon so weit verbreitet, wenn ein Student auf PowerPoint verzichtet, es als Zeichen von Privileg und Seniorität angesehen wird (Parker, 2001). Tufte hingegen sieht PowerPoint als ein Medikament, dass einem Produktrückruf hinterzogen werden sollte. Er findet es verschlechtert die Qualität der Kommunikation und induziert Dummheit, macht alle zu Langweilern und verschlechtert die Qualität. Er behauptet auch, dass Inhalte durch PowerPoint gestört, dominiert und trivialisiert werden. Er postulierte auch, dass verbales und räumliches Denken geschwächt werden, wenn statistische Daten auf einer Folie gezeigt werden (Tufte, 2003).

Die Absicht der Studie mit einer Umfrage von Frey und Birnbaum war, die Studierenden über den Wert und Wahrnehmung von PowerPoint-Präsentationen in Vorlesungen zu bewerten. Viele der Studierenden empfinden PowerPoint als nützlich beim Lernen, wie z.B. um für die Prüfung und sich Notizen zu machen. Sie sind sich einig das es sich positiv auf die Vorlesungen auswirkt. Sie würden PowerPoint-Vorlesungen gegenüber Tafel oder Whiteboard vorziehen. Die Schüler empfanden es auch als „organisierter", wenn Professoren mit PowerPoint arbeiten. Und glauben nicht das PowerPoint ein Abschreckungsmittel für den Besuch des Unterrichts war (Frey & Birnbaum, 2002). So ergab eine andere Analyse mit 48 Studien das es im Durschnitt kein Unterschied beim Lernen gab mit oder ohne Verwendung von PowerPoint (Baker& Goodboy, 2018).

Christopf Wecker hingegen ist kritisch gegenüber PowerPoint und hat aus etwa 40 Studien weltweit, unterschiedlichster Qualitäten, die sich mit PowerPoint und dem damit verbundenen Lernerfolg bei Vorträgen mit oder ohne digitale Folien auseinandergesetzt haben, mit einer Metaanalyse zusammengefasst. Er kam zu

Ergebnis, das die Zuhörer ein kleines bisschen mehr lernen durch das Einsetzen von Folien, allerdings nur, wenn diese ausschließlich Text enthalten. Einer seiner Studien zeigt auch, dass der Text auf den Folien sich auf den Notizen der Zuhörer wiederfinde, all das was mündlich wiedergegeben wurde, oft fehlt. Auch beim Einsetzen von Grafiken oder Tabellen, Töne oder Videos, schalten die Zuhörer ab. Wecker machte einen eigenen Versuch und erkannte, dass Zuhörer sich zu sehr auf die PowerPoint-Präsentation konzentrieren und nicht auf den Präsentator. Da Folien nicht mehr wegzudenken sind, wäre es eine Möglichkeit die Leinwand streckenweise dunkel werden zu lassen. Hier hat Wecker einen Versuch gestartet und schwarze Folien in seine Präsentation eingebaut und erkannt das, dass Publikum plötzlich die eigentliche Präsentation wieder wahrnehmen und überrascht wirken als die Folie schwarz wurde. Viele verwenden PowerPoint als Manuskript, dabei braucht nur er die schriftlichen Informationen. Für die Zuhörer sind nur Grafiken oder Diagramme wichtig. Vielmehr sollten Trainings für PowerPoint-Präsentationen angeboten werden (Wecker, 2014).

Einfluss auf die Darstellung von Inhalten

Wie Christoph Wecker schon erwähnt hatte, sind Grafiken und Tabellen, wie auch Videos und animierte Folienübergänge negative Einflüsse für eine PowerPoint Präsentation. Dazu gehören auch Sequencing und Bulleting.

Sequencing: Entsteht dadurch, dass auf jeder Folie nur geringe Informationen dargestellt werden. Das zu einer langen Sequenz von Folien führt. Die Konsequenzen sind die Beziehungen zu verstehen und zu beurteilen, den Inhalten in zusammenhängenden Kontext zu stellen. Dabei wird auch der Schwung und Dynamik des Moderators reduziert, durch den Stop-and-Go- Rhythmus nach jeder Folie. Durch die Reihung der Folie hält es den Sprecher davon ab von seinem Plan abzuweichen, zu improvisieren und Folien zu überspringen. Fragen können somit erst am Ende gestellt werden, was zu Missverständnissen führen kann.

Bulleting: Listen von Bullet Points finden sich oft auf PowerPoint-Folien, es ist die Standartoption von Einfügen von Text. Aufzählungspunkte können die Elemente und das Denken in Überschneidungsbereiche blockieren. Es wird eine Illusion der Klarheit erzeugt, weil die Realität stark vereinfacht ist und oft das Gesamtbild fehlt.

Bullet Points können nur zu einem Satz die Priorität und Zugehörigkeit kommunizieren (Eppler & Kernbach, 2013, S.16-17).

Kommunikation zwischen Präsentator und Publikum

Bei einer Präsentation oder Vortrag, tritt man in Interaktion mit den Zuhörern. Die Kommunikation wird aus der Grundlage jeder Interaktion gebildet. Dabei spielen die verschiedenen Formen der Kommunikation eine Rolle (Ulrich, 2016, S.75-78).

Verbale Kommunikation

Erst redet der Sprecher und dann antwortet der Angesprochene. Im Mittelpunkt hierbei steht, was gesagt wird. Bestimmte Sachverhalte können mit Hilfe von Wörtern transportiert werden.

Nonverbale Kommunikation

Während jemand spricht, wird intensiver Blickkontakt mit den Personen gegenüber gehalten. Hierbei steht im Zentrum wie etwas körpersprachlich gesagt wird. Über die Körpersprache können viele Emotionen ausgedrückt werden.

Para- verbale Kommunikation

Im Mittelpunkt steht, wie jemand spricht, es kommt auf die Stimmlage, Tonfall oder sonstigem Sprechverhalten an (Müller, S., & Gelbrich, K., 2013, S. 84-94).

Die meisten Menschen sind aufgeregt vor einem Vortrag oder Präsentation. Selbst merkt man nicht wie man auf die anderen Personen wirkt oder auftritt. Wichtig sind hier Mimik, Gestik, Bewegung, Körperhaltung, Stimme und die Sprache. Die Ausdrucksweise und Stimme sind einer der wichtigsten Punkte bei der Kommunikation zwischen Zuhörer und Präsentator.

Durch die Stimme wirkt man auf das Publikum ein, kann Emotionen rüberbringen und Aussagen klarer machen. Laut, deutlich und langsamen sprechen ist wichtig. Verwendung von kurzen Sätzen und klaren Worten sind von Vorteil. Fachbegriffe sollten nur verwendet werden, wenn diese den Zuhörern bekannt sind (Fleig, 2018).

Es wurden vier Merkmale für verständliche Texte/Reden entwickelt.

1. **Einfachheit:** Hier sind die Formulierung, Satzbau und Wortwahl gemeint.
2. **Gliederung und Ordnung:** Richtige Strukturierung, logische Reihenfolge.
3. **Kürze und Prägnanz:** Sich auf das wesentliche beschränken.
4. **Anregende Zusätze:** Interessante und abwechslungsreiche Sätze, evtl. durch einen persönlichen Bezug (Langer & Schulz von Thun &Tausch, 2006, S.65-71).

Bei einer Präsentation können auch Negative Einflussfaktoren mit einfließen und die Kommunikation zwischen Publikum und Zuhörern beeinflussen. Im Folgenden werden zwei dieser Faktoren erklärt.

Dominating

PowerPoint wird ein dominanter Stil unterstellt. Bei einer Präsentation wird dem Publikum diesen Stil aufgezwungen. Es entsteht durch eine autoritäre Beziehung zwischen Präsentator und Zuhörern. Die Distanz, die zwischen Redner und Zuhörern entsteht, schafft eine geringe Diskussionsmöglichkeit und einen reduzierten Austausch.

Over- Aestheticizing

Von hoher Bedeutung bei einer PowerPoint-Präsentation ist das Design der Folie. Es steht oft im Mittelpunkt, dies führt zu Ablenkung. Die gute Argumentation tritt in den Hintergrund. Dadurch wird der Dialog zwischen Präsentator und Zuhörern nicht angeregt, da das ästhetische Design die Aufmerksamkeit auf sich zieht. Kritische Stellungnahmen und Auslegungen werden dadurch nicht stimuliert (Eppler & Kernbach, 2013, S. 17).

Aufgabe C3

Zeit hat eine Psychosoziale Dimension

In der Strukturierten Welt ist die Zeit ein zentraler Faktor (August, 2003, S. 36).
Störungen in der zeitlichen Ordnung und im Erleben treten bei verschiedenen
psychischen Erkrankungen auf, diese können sich auf das Wohlbefinden wie auch
auf die Alltagsbewältigung auswirken (Kupke, 2009, S.87).

Die Zeit kann auch als Veränderung in der Natur, in der Geschichte und
menschlichen Bewusstsein verstanden werden. Die Zeit ist weder aufhaltbar noch
wiederholbar. Sie ist auch für die Wahrnehmung der Übergänge von Zukunft in
Gegenwart und Gegenwart in die Vergangenheit zuständig. Die Zeit wurde in der
Psychologie in der Jahrhundertwende als Sinn verstanden, vergleichbar mit
Gehör- und Geruchssinn. Wir nehmen die Zeit als getaktete Impulse wahr. Der
Zeitmangel dient häufig als Entschuldigung, das Handel wird durch
Zeitbegrenzung beschleunigt und die Zeit wird als unendlich ausgedehnt
empfunden oder sehr kurz und intensiv erlebt. Dabei ist die Zeitdauer in erster
Linie ein Gefühl (Miller, 2000).

Zeitphänomene

Pöppel eruierte die primären Phänomene der menschlichen Zeitwahrnehmung
und untermauerte sie anhand existierender Forschung. Dabei näherte er sich dem
Gegenstand der Zeit (Pöppel, 1978, 713-714).

Es gibt verschiedene Arten der Zeit, im Folgenden werden diese aufgegliedert.

Aufeinanderfolge:

Hier werden zwei Ereignisse als ungleichzeitig dargestellt, dabei gibt es immer
früheres und späteres. Damit die korrekte Aufeinanderfolge der Einzelereignisse
bestimmt werden kann, muss immer eine zeitliche Ordnungsschwelle vorliegen,
sowie auch eine Differenz von mindestens 30 ms. Die Erklärung ergibt sich aus
der zeitlich diskreten Informationsverarbeitung mit der Beobachtung, dass bei
jedem im oszillatorischen Prozess in der elektrischen Neuronenakitivität Wellen

mit einer Periode von etwa 30 ms gemessen werden die bei jedem durch Reizauftritte ausgelöst werden können. Dadurch entsteht geordnete zeitliche Wahrnehmung. Pöppel bezeichnet dies als „ereignisschaffenden Mechanismus".

Gleichzeitig und Ungleichzeitig:

Mehrere Ereignisse können gleichzeitig oder zeitlich getrennt wahrgenommen werden. Erst wenn eine bestimmte Schwelle, also ein bestimmtes Maß an objektiver Verzögerung zwischen zwei Reizen, überschritten ist, spricht man von Ungleichzeitigkeit. Diese Schwelle ist unterschiedlich. Visuell sind es etwa 20- 30 ms und auditiv 3-5 ms. Diese Zeit benötig also das Gehirn um Ereignisse als Bausteine des Erlebens zu definieren (Pöppel, 1995, 134-136).

Dauer

Die *Zeitstrecke* ist der Abstand zwischen zwei aufeinanderfolgenden Ereignissen oder unabhängigen Einzelreizen. Es können zwei aufeinanderfolgende Aspekte eines Geschehens gleichzeitig erfasst werden, man spricht dann von Wahrnehmung der Dauer. Von *ausgefüllter Zeit* spricht man, wenn kontinuierliche Veränderungen eines engen Zeitraums, oder von Beginn bis zum Ende eines Geschehens. Wenn die Zeitstrecke durch das Anfangs und Endsignal begrenzt ist, spricht man von *leerer Zeit*. Es wurde von Psychologen versucht die kürzeste Dauer eines bewussten Gegenwartsmoment zu messen, diese liegt bei 18 Frequenzen pro Sekunde. Bei Überschreitung werden Einzelimpulse nicht mehr als solche wahrgenommen (Miller, 2000).

Gegenwart:

Ergibt sich aus Einzelereignissen, die sich zu einer zusammenhängenden Wahrnehmungsgestalt und einer Zeitstruktur aus Erfahrung von Gegenwart beruht.

Es gibt zwei Formen der Gegenwartsortientierung:

1. Hedonistische Gegenwart: Menschen die danach streben ihr Leben zu genießen. Die das Abenteuer suchen und auch mal Risiken eingehen. Sie Leben im Hier und Jetzt und haben Spaß dabei.

2. Fatalistische Gegenwart: Der Mensch ist hilflos und verzweifelt. Er sieht keinen Ausweg und glaubt sich als Opfer, dem Schicksal ausgeliefert und gefangen (Arenberg, 2018, S.78).

Zeiterleben

Bei der Zeit handelt es sich von Abschnitten zweier oder mehrerer bewegter Geschehensabläufe, es wird auch als Tätigkeit verstanden. Es müssen sowohl die situationsübergreifenden wie auch die situationsspezifischen Merkmale bei der Analyse des Zeiterlebens berücksichtigt werden. Es hängt von der Anzahl der Art und Qualität der Ereignisse und der aktuellen Stimmungslage der Person ab. Zeit wird immer im Zusammenhang mit Handlungen und Veränderungen erlebt (Miller, 2000).

Subjektive- und Objektive Zeit

In der modernen Zeit-Theorie wird zwischen Subjektiver- und Objektiver Zeit in der Art und Weise wie wir im Alltag über die Zeit reden unterschieden. Die subjektive Zeit wird betrachtet, wie man sie wahrnimmt oder einem erscheint. Sie wird strukturiert aus menschlichen Wahrnehmungen, Erfahrungen und Handlungen. In einer Zeit, in der wir altern und Pflanzen wachsen und vertrocknen (Detel, 2021, S.45-47). Die Objektive Zeit gilt meist als messbare physikalische Größe. Es handelt sich nicht um zwei eigenständige Zeitordnungen, vielmehr um einseitige Abhängigkeit. Objektivität ist immer in der subjektiven Zeit enthalten. Umgekehrt trifft dies nicht zu (Brose, 1993, S.20-22).

Zeitbewusstsein

Hier versteht man das subjektive Erleben der Gegenwart. Es hängt von dem Interesse oder Langeweile ab, ob die Zeit als langsam oder schnell

wahrgenommen wird. Beeinflusst wird es von Menge, Bewertung der
Erlebnisinhalte und Bewusstseinswachheit. Das Zeitbewusstsein ist keine
angeborene Fähigkeit, man lernt es im Laufe des Lebens. Es gibt drei Stufen:

1. Naives Zeiterleben

   Ein Kleinkind kann nur die Zeit erfassen, was es gerade erlebt. Auch wenn
   es zukünftige Ereignisse sprachliche Begriffe zuordnen kann, hat es für
   das Kind keine Bedeutung.

2. Zeitwissen

   Im Schulkindalter lernen die Kinder das Lesen der Uhr und mit zeitlichen
   Ordnungsbegriffen umzugehen.

3. Zeiterfahrung und- Reflexion

   Im Jugendalter wird der Begriff Zeit zur Erfahrung über sich selbst. Man
   beginnt sich über die eigene Zeit Gedanken zu machen und über die Zeit
   des Lebens nachzudenken.

Wenn die Auseinandersetzung mit der Zeit abgeschlossen ist, wird das Verhältnis
für den Menschen ausgeglichener (Amon, o.D).

Zeitperspektive

Zimbardo hat sich mit dem Thema Zeitperspektive auseinandergesetzt und
beschreibt das Konzept als unterschiedliche Wahrnehmung von Vergangenheit,
Gegenwart und Zukunft. Sie beeinflusst viele unsere Entscheidungen. Es gibt drei
Zeit-Perspektiven:

Der vergangenheitsorientierte Typ

Hier orientieren sich die Menschen an Erinnerungen oder ähnliche Situationen.
Der Fokus liegt hier auf negative Aspekte aus der Vergangenheit wie z.B. Fehlern
oder Verlusten. Oder auf positiven Aspekten, z.B. gute Erfahrungen.

Der gegenwartsorientierte Typ

Dieser Typ genießt die Momente und neigt dazu in der Gegenwart zu leben, ohne
an Konsequenzen zu denken. Auch hier wird zwischen negativ und positiven
Gedanken unterschieden.

Der zukunftsorientierte Typ

Diese Menschen ziehen die Zukunft in ihr erleben und verhalten mit ein. Sie vertrauen darauf die Zukunft mit in Ihre Entscheidungen das zukünftige Leben zu beeinflussen. Dieser Typ ist oft ehrgeizig, zielorientiert und sind viel beschäftigt (Zimardo & Boyd, o.D, S. 1271-1288).

Zeitwahrnehmung

Die Wahrnehmung der Zeit verläuft nicht immer gleichmäßig. Sie kann als beschleunigt oder verlangsamt erlebt werden. Der Verlauf der Zeit tritt bei dem Menschen in den Sinn, wenn ein Fehlersignal in unserem Bewusstsein berührt wird, wenn Zeitspannen von einer erwartenden Dauer abweichen. Wie z.B. beim Warten an der Kasse im Supermarkt oder wenn man bei seiner Arbeit zu früh unterbrochen wurde. Nützlich ist dieser Fokus auf die Zeit als Fehlersignal, wenn man im Stau steht und bei der nächsten Ausfahrt rausfährt, um die Umleitung zu nehmen. Es kommt immer drauf an welche Aufmerksam man der Zeit gibt (Kübel & Wittmann, 2020, S. 395-360).

Zeitschätzung

Die Schätzung der Zeit lernt man erst um das achte Lebensjahr. Im Alter nimmt die Genauigkeit zu. Man hat herausgefunden das ältere Menschen Zeitstrecken kürzer als junge Menschen schätzen. Auch zwischen den Geschlechtern lassen sich unterschiede feststellen. Männer schätzen Zeiträumer exakter als Frauen. Viele Menschen können es nicht einschätzen, wie lange sie für eine Aufgabe brauchen, um diese zu erledigen. Kahnemann und Tversky nannte das Phänomen Planning Fallacy (Arenberg, 2018, S.67-75).

Anwendung der vorab dargestellten Grundlagen für eine Fernstudentin, die neben ihrem Studium arbeitet und eine Familie mit zwei Kindern hat.

Eine Fernstudentin die neben Ihrem Studium noch arbeitet und eine Familie mit zwei Kindern hat muss viel in Ihrem Leben planen und zeitlich alles so eintakten das nichts zu kurz kommt. Sie muss nicht nur für sich selbst planen, sondern auch noch für Ihre Kinder. Das Thema Zeit hat für sie eine große Bedeutung. Denn alles was sie in Ihrem Tag erlebt und plant ist mit einem Zeitfaktor verbunden.

Ausreden oder Zeitmangel als Entschuldigung nehmen, kann sie sich nicht leisten. Meistens rast die Zeit, wenn sie sich viel vornimmt, aber kann sich auch ausdehnen, wenn sie sich abends nach einem langen Tag an den Schreibtisch setzt und an Ihrer Einsendeaufgabe weiterarbeitet. Dabei ist es wichtig in die Gegenwart zu schauen, dass Leben zu genießen und das Beste daraus zu machen. Sich in Erinnerung rufen, weshalb man das macht und positiv zu bleiben.

Es gibt viele Ereignisse in Ihrem Leben, das Kind wird krank, Streit mit dem Ehemann oder Freunden, stress auf der Arbeit, dass alles beeinflusst den Alltag und kann das Zeiterleben verändern. Zeitbewusstsein spielt hier eine große Rolle, man lernt es im Laufe des Lebens. Auch hier muss die Fernstudentin sich Gedanken machen, wie viel Termine sie sich in den Tag setzt, um alles zu schaffen. Man lernt das mit der Zeit und im Alter und wird immer besser dabei.

Die Vergangenheit, Gegenwart und Zukunft beeinflussten viele unserer Entscheidungen. Das beste in Ihrer Situation wäre die Gegenwart und Zukunft. Sich nicht auf die negativen Ereignisse in der Vergangenheit konzentrieren. Den Streit mit den Kindern vergessen und sich auf das hier und jetzt zu beschränken, positiv an die Aufgabe rangehen. Zukunftsorientiert zu sein im Studium hat Vorteile, sie schreiben bessere Noten und lernen mehr. Was in der Situation der Studentin mit Mehrfachbelastung motivierend sein kann.

Literaturverzeichnis

Amon, B., (unbekannt) Zeitbewusstsein. Zugriff am: 11.01.2022. Verfügbar unter: http://soziologie.soz.uni-linz.ac.at/sozthe/freitour/FreiTour-Wiki/Zeitbewusstsein.htm.

Arenberg, P. (2018) Selbst und Zeitmanagement, 1. Aufl., Studienbrief SRH Fernhochschule, Riedlingen. S. 76-   78

August, C. (2003) Selbstreflexionen im höheren Lebensalter. Inhalte und Strukturen von Lebensbetrachtungen. Münster: Universität Erlangen, S. 36

Baker,B.,& Goodboy,K. (2018) Erhöht das Unterrichten mit PowerPoint das Lernen der Schüler? Eine Meta-Analyse. Zugriff am 01.01.2022. Verfügbar unter https://www.semanticscholar.org/paper/Does-teaching-with-PowerPoint-increase-students'-A-Baker-Goodboy/c62c907a396d375ca5ce8f6d768e6689c6e01272

Becker-Schweitzer, T. (2013). Die Geschichte von Powerpoint- Eine Idee geht ihre Wege. Zugriff am 20.12.2021. Verfügbar unter https://www.presentationload.de/blog/die-geschichte-von-powerpoint-eine-idee-geht-ihre-wege

Bensberg, G. (2015) Dein Weg zum Prüfungserfolg. Berlin: Springer. S. 58-61

Brose, G., Corsten, M. und Wohlrab-Sahr,M., (1993). Soziale Zeit und Biografie. Über die Gestaltung von Alltagszeit und Lebenszeit. Opladen: Westdeutscher Verlag. S. 20-22

BWL-LEXIKON.DE. (o. D) ABC- Analyse. Zugriff am 16.12.2021. Verfügbar unter https://www.bwl-lexikon.de/wiki/abc-analyse/

Detel, W. (2021) Subjektive und objektive Zeit. Berlin/Bosten: CPI books GmbH, Leck. S. 45-47

Eppler, M. J./Kernbach,J. (2013), Welche Gestalt für Wissen? Ein Vergleich von Folienpräsentationen und Skizzen als unterschiedliche Gefäße für Wissen in Organisationen. In: Lutz, B. (Hrsg.), Wissen nimmt Gestalt an. Beiträge zu den Kremser Wissensmanagement-Tagen 2014. Krems: Edition Donau-Universität Krems. S. 15-17

Frey, A., & Birnbaum,D. (2002) Wahrnehmungen der Lernenden über den Wert von PowerPoint in Vorlesungen. Zugriff am 01.01.2022. Verfügbar unter https://www.semanticscholar.org/paper/Learners%27-Perceptions-on-the-Value-of-PowerPoint-in-Frey-Birnbaum/aea7b1bef629cd2d07b62d2e6868074e51ed48db.

Kübel, S., Wittmann, M., (2020) "Zeitwahrnehmung". Zeit im Lebensverlauf. Bielefeld: Transcript Verlag.   S. 359-360

Kupke,C. (2009). Der Begriff Zeit in der Psychopathologie. Berlin: Parados, S. 87

Langer, I./Schulz von Thun, F./Tausch, R. (2006), Sich verständlich ausdrücken.
München: Ernst Reinhardt, GmbH & Co KG. S. 65-71

Löwenbrück, B. (2009). Handout zur Ausbildung. Berlin: Unveröffentlicht. S.55

Miller, R. (2000) Lexikon der Pyschologie. Zeit. Zugriff am: 10.01.2022. Verfügbar
unter: https://www.spektrum.de/lexikon/psychologie/zeit/17090

Müller, S., & Gelbrich, K. (2013) Interkulturelle Kommunikation. Ingolstadt: Verlag
Franz Vahlen München. S. 84-94

Myjob.ch (2021) Zeitmanagement: das Pareto-Prinzip in der Praxis. Zugriff am
14.12.2021. Verfügbar unter
https://www.myjob.ch/ratgeber/artikel/880/zeitmanagement-das-pareto-prinzip-
in-der-praxis

Niedostadek, A (2018) Gut Geplant- Die Alpen-Methode. Zugriff am 18.12.2021.
Verfügbar unter https://wissenschafts-thurm.de/gut-geplant-die-alpen-methode/

Parker, I. (2001). Absolute PowerPoint. The New Yorker,. Zugriff am: 28.12.2021,
Verfügbar unter: https://www.newyorker.com/magazine/2001/05/28/absolute-
powerpoint

Pöppel, E. (1978) Time Perception. In: Held, R., Leibowitz, H., Teuber, H. (Hrsg.).
Berlin: Springer. S. 713-714

Pöppel, E. (1995) Wie kam die Zeit ins Hirn? Neurophysiologische und
psychophysische Untersuchungen zum   menschlichen Zeiterleben. In: K.
Weis (Hrsg.), Was ist Zeit? Zeit und Verantwortung in Wissenschaft, Technik
und Religion. München: Deutscher Taschenbuch- Verlag. S. 134-136

Quernheim, G. (2018). Und jetzt Sie! – Selbst- und Zeitmanagement in
Gesundheitsberufen (2. Aufl.). Berlin: Springer., S. 105-108.

Rankin, E. L. & Hoaas, D. J. (2001). Die Verwendung von PowerPoint und
Schülerleistung. Atlantic Economic Journal, 29, Seite 113

Rusch, P., (2019) Stressmanagement Ein Arbeitsbuch für die Aus-, Fort- und
Weiterbildung (2. Aufl.). Berlin: Springer., S. 115-116

Russel, C., & Joel, H. (2006) PowerPoint- Präsentationstechnologie und die Dynamik
des Unterrichts. Springer: S. 147-148

Schnettler, Bernt. & Knoblauch, H. & Pötzsch, F. (2007) Powerpoint-Präsentationen.
Zur Performanz technisierter mündlicher Gattungen in der Wissensgesellschaft.
Kostanz: UVK Verlagsgesellschaft gmbH., S. 13

Seiwert, L., (2005) Wenn du es eilig hast, gehe langsam. Mehr Zeit in einer beschleunigten Welt. Campus Verlag. S.125

StressBehandlung.info. (2018) Zeitmanagement: Das Pareto Prinzip. Zugriff am 14.12.2021. Verfügbar unter https://stressbehandlung.info/zeitmanagement-das-pareto prinzip/#:~:text=Schon%20im%20Studium%20oder%20in%20der%20Ausbildun g%20und,Ergebnisse%20k%C3%B6nnen%20mit%2020%25%20des%20Gesa mtaufwandes%20erreicht%20werden.

Szabo, A. & Hastings, N. (2000). Einsatz von IT im Grundstudium. Sollten wir die Tafel durch PowerPoint ersetzen? Computer und Bildung, 35, S.175–187.

Tufte, E. R. (2003). PowerPoint is Evil. Wired. Zugriff am 28.12.2021. Verfügbar unter: https://www.wired.com/2003/09/ppt2/

Ulrich, I. (2016). Gute Lehre in der Hochschule: Praxistipps zur Planung und Gestaltung von Lehrveranstaltungen. Wiesbaden: Springer. S. 75-81

Wecker, C. (2014) PowerPoint kann dem Lernen schaden. Ein Interview mit Nicola Holzapfel. Zugriff am 03.01.2022. Verfügbar unter: https://www.bpb.de/gesellschaft/bildung/zukunft-bildung/185872/interview-powerpoint.

Zimbardo P.G., Boyd J.N. (2015) Zeit in die richtige Perspektive rücken: Eine gültige, zuverlässige Metrik für individuelle Unterschiede. In: Stolarski M., Fieulaine N., van Beek W. (Hrsg.) Time Perspective Theory; Überprüfung, Forschung und Anwendung. Cham: Springer. S. 1271-1288

BEI GRIN MACHT SICH IHR WISSEN BEZAHLT

- Wir veröffentlichen Ihre Hausarbeit,
  Bachelor- und Masterarbeit

- Ihr eigenes eBook und Buch -
  weltweit in allen wichtigen Shops

- Verdienen Sie an jedem Verkauf

Jetzt bei www.GRIN.com hochladen und kostenlos publizieren